Fotografiert von
Horst Rude

BÖBLINGEN

Texte von
Alexander Vogelgsang
Wolfgang Heubach
Günter Scholz

G. Braun

Mit freundlicher Unterstützung der Stadt Böblingen

Bearbeitet von Tanja Borndörfer-Notter

Fotos

Archiv der Stadt Böblingen: 20–27
Enrico Necade, Alba: 35

Alle übrigen Horst Rudel, Stuttgart

© 2000 G. Braun GmbH & Co. KG,
Karl-Friedrich-Straße 14–18, 76133 Karlsruhe
Internet: http://www.gbraun.de
E-Mail: buchverlag@gbraun.de

Übersetzung englisch: Laurie Chalk
Übersetzung französisch: Christiane Ebeling

Die Deutsche Bibliothek – CIP-Einheitsaufnahme

Böblingen / fotogr. von Horst Rudel.
Texte von Alexander Vogelgsang ... – Karlsruhe : Braun, 2000
ISBN 3-7650-8246-5

Inhalt

Alexander Vogelgsang
Einführung   7

Wolfgang Heubach
Böblingen   9

Günter Scholz
Böblingen –
Eine junge Stadt mit Geschichte   20

Aus der Chronik von Böblingen   28

Böblingen at a Glance   30

Coup d'oeil sur Böblingen   31

Bildteil   33

Einführung

Böblingen ist eine Stadt, in der es sich gut leben lässt. Eingebettet in die schöne Landschaft zwischen Schönbuch und Gäu, in unmittelbarer Nähe zur Landeshauptstadt Stuttgart, bietet Böblingen einen hohen Freizeitwert. Zwei Seen im Herzen der Stadt bilden das Kernstück unseres Stadtgartens, der zur Landesgartenschau im Jahre 1996 angelegt wurde und als grüne Lunge in der Innenstadt zum Verweilen einlädt. Von Juni bis September wird hier ein umfangreiches Kulturprogramm, zum größten Teil von Böblinger Vereinen und Einrichtungen für die Bürgerinnen und Bürger der Stadt gestaltet, geboten. Ein vielfältiges Angebot an Theater-, Konzert- und Show-Veranstaltungen ist das ganze Jahr über in der Kongress- und Sporthalle zu sehen. Ferner sind die Museen und Galerien Böblingens einen Besuch wert. Sportfreunde können auf zahlreiche Sportangebote unter freiem Himmel und in der Halle zurückgreifen. Das moderne Freibad, am Stadteingang von Stuttgart her gelegen, bietet Familien den idealen Sommerspaß. Ganz besonders zu empfehlen ist jedoch unsere Mineraltherme. Architektonisch besonders reizvoll kann hier in reinem Mineralwasser bei unterschiedlichen Wassertemperaturen gebadet werden.

Neben der guten Verkehrsanbindung bietet Böblingen hochwertige Arbeitsplätze in den unterschiedlichsten Branchen. Weltfirmen wie Hewlett-Packard, Agilent Technologies, IBM, DaimlerChrysler und Eisenmann haben ihren Sitz oder wichtige Niederlassungen hier. Aber auch schwäbische Traditionsbetriebe wie der Spielzeughersteller Kibri und die Firma Reisser sind in Böblingen zu Hause. Ein breites Spektrum mittelständischer Betriebe runden das Angebot ab. Im erfolgreichen Software-Zentrum sammeln sich die jungen Existenzgründer.

Zwischen Böblingen und der Nachbarstadt Sindelfingen liegt das Gelände des ehemaligen Landesflughafens. Dieses Filetstück in der Region soll in den nächsten Jahren überbaut werden. Ein kürzlich durchgeführter städtebaulicher Wettbewerb lässt erahnen, dass hier ein äußerst attraktiver Standort vor allem für Gewerbe und Dienstleistung, aber auch für Lehre, Forschung und Wohnen entstehen wird.

Doch sehen Sie selbst, wie sich Böblingen im Jahre 2000 den Besuchern präsentiert. In der gelungenen Komposition dieses Bildbandes spiegelt sich die lebenswerte Vielfalt unserer Stadt wieder.

Entdecken Sie Böblingen aus den verschiedensten Blickwinkeln zu den verschiedensten Jahreszeiten.

Sehen Sie die Lücke neben der imposanten Stadtkirche auf dem Schlossberg, die einst das Schloss beherbergte und die es wieder zu schließen gilt. Neben der Überbauung des ehemaligen Flughafengeländes wird dies in naher Zukunft die zweite große, städtebauliche Herausforderung sein.

Lassen Sie sich von den Bilder inspirieren. Mögen sie dazu beitragen, unsere lebendige Stadt allen Gästen näher zu bringen und sie unseren Bürgerinnen und Bürgern noch vertrauter zu machen.

Alexander Vogelgsang
Oberbürgermeister

Böblingen

Wolfgang Heubach

Böblingen hat viele Gesichter und in seiner langen Geschichte noch mehr Wandlungen erfahren. Nach den schweren Folgen des Zweiten Weltkrieges, insbesondere jener zerstörerischen Bombennacht vom 7. auf den 8. Oktober 1943, blühte wieder hoffnungsfrohes Leben aus den Ruinen. Freilich galt es zunächst, der großen Not und des Zustroms tausender Flüchtlinge und Heimatvertriebener Herr zu werden. Mit daraus resultierenden Notwendigkeiten und Folgen für die Stadt: Neuer Wohn- und Siedlungsraum hatte ebenso absolute Priorität wie die Schaffung von Arbeitsplätzen. Hinzu kam die gesellschaftliche Integration des nicht schwäbischen Teils der Bevölkerung. Eine Herkulesaufgabe, sollte man meinen. Doch bereits hier bewährte sich jener „Geist von Böblingen" – vielleicht wurde er sogar in dieser Zeit zum Leben erweckt –, der die Große Kreisstadt in besonderer Weise auszeichnet. Diesen „Geist" präzise zu beschreiben, fällt allerdings nicht ganz leicht. Denn hier vermischen sich urschwäbische Eigenschaften wie „b'häbes" Beharrungsvermögen, Tüftler- und Erfindertum, knitze Wesensart sowie umtriebige Schaffigkeit mit Weltoffenheit, Toleranz und einem gehörigen Schuss Lebensfreude. Wobei es im Laufe der vergangenen Jahrzehnte vor allem die wechselseitigen Beziehungen, das Aufeinander-Zugehen und Voneinander-Lernen waren, die diesen „Geist" beflügelten. Wie dem auch sei: Böblingen ist unverwechselbar. Eine Stadt – würde es so etwas geben – mit Sammlerwert. Weil Böblingen vieles in sich vereint und bietet, was andere Gemeinwesen nicht haben.

Der vorliegende Bildband soll den städtebaulichen Wandel sichtbar machen und dokumentieren, der sich vor dem angerissenen Hintergrund in den vergangenen 10 bis 15 Jahren vollzogen hat. Ein Wandel, der von einem Mehr an Lebensqualität und Liebenswürdigkeit geprägt ist. Ein Wandel, der vom Wachsen der „inneren Werte" Zeugnis ablegt. Oder, wie es Oberbürgermeister Alexander Vogelgsang nüchterner formuliert: „Böblingen ist eine Stadt, in der es sich gut leben lässt."

Das beginnt mit der reizvollen Lage und Umgebung der Stadt. Ein Sprung nur in die Landeshauptstadt Stuttgart, wo das politische Herz Baden-Württembergs schlägt. Und ein Sprung auch in die altehrwürdige Universitätsstadt Tübingen, einem der geistig-wissenschaftlichen Mittelpunkte des Südwestens. Böblingen verbindet mit Tübingen einiges. Unter anderem seine Gründung durch die Pfalzgrafen und die enge medizinische Verzahnung mit dem Kreiskrankenhaus in der Trägerschaft des Landkreises Böblingen. Dadurch wird eine Versorgung garantiert, die dem zeitgemäßen Fortschritt und der Forschung gleichermaßen entspricht. Der Ruf des Hauses geht in einigen Disziplinen sogar über die Grenzen des Landes hinaus, frühere und heutige Chefärzte genießen internationales Ansehen oder sind in die medizinische Literatur eingegangen.

Eng an die Ausläufer des Schönbuchs geschmiegt, ist Böblingen, auch von seinen äußeren Gegebenheiten her, eine Stadt mitten im Grünen. Der weiträumige Naturpark vor der Haustür erschließt unzählige Erholungs-, Wander- und Freizeitmöglichkeiten in diesem einstmals königlichen Jagdrevier. Hier atmet die „Grüne Lunge" der Region und man glaubt ihren frischen Atem förmlich zu spüren.

Nur einen Steinwurf entfernt auch die Berge

der Schwäbischen Alb, der tannenbewehrte Nordschwarzwald oder das weinselige Neckar-, Rems- und Bottwartal. Nicht zu vergessen die liebliche Gäulandschaft. Böblingen ist eingebettet in eine unvergleichliche Natur. Und in eine Region, die Genießern wie Vierteles-Schlotzern Herz, Gaumen, Magen und Sinne öffnet. Von der vorzüglichen Gastronomie in der Stadt selbst wird später noch die Rede sein.

Die außergewöhnliche Standortgunst Böblingens manifestiert sich aber auch auf Straße, Schiene und in der Luft. Böblingen ist eine pulsierende Stadt und hat seit 1915 nicht zuletzt Fliegergeschichte geschrieben: Der Fliegerhorst aus den Anfangsjahren – der Schriftsteller Friedrich Sieburg, dem im nahen Gärtringen in der „Villa Schwalbenhof" eine ständige Ausstellung gewidmet ist, erhielt hier im Ersten Weltkrieg seine Ausbildung – mauserte sich bis 1938 zum Landesflughafen und damit zu einer Drehscheibe des damaligen internationalen Luftverkehrs. So wurde beispielsweise der Luftpostdienst nach Südamerika über Böblingen abgewickelt. Diese Zeiten gehören zwar endgültig der Vergangenheit an. Denn der letzte große Flugtag über der „Hulb" fand am 6. September 1970 statt, doch die Fliegertradition lebt bis heute fort. Nicht zuletzt in Gedenken an den genialen Flugzeugbauer Hanns Klemm, dessen Maschinen den Namen Böblingen in alle Kontinente trugen.

Das „Tor zur Welt" ist jetzt der Flughafen in Echterdingen, in wenigen Minuten bequem über die Autobahn oder mit der S-Bahn zu erreichen. Für die export-orientierte Wirtschaft der Stadt ein nicht zu unterschätzender Vorteil. Genauso wie die Verbindung in der Luft, hat Böblingens Anschluss auf der Schiene Tradition. Die Gäubahn – ein Werk des Böblinger Ehrenbürgers Otto Elben – garantierte bereits vor über 120 Jahren den schnellen Umschlag von Personen und Gütern, beispielsweise in die Schweiz und nach Italien. Böblingen ist IC-Haltepunkt und zudem durch die S-Bahn in den sorgfältig abgestimmten Nahverkehr der Region integriert. Über Stuttgart schließlich wird das europaweite Schienennetz erreicht. In Böblingen selbst ergänzt der busbetriebene Stadtverkehr in sieben Tagen in der Woche das breitgefächerte Angebot – auch in die unmittelbare Nachbarschaft.

Die Autobahnen sind in unserer modernen Welt die eigentlichen Schlagadern des Straßenverkehrs – mit allen Licht- und Schattenseiten. Andererseits hat Böblingen einen langen Kampf um die Anbindung an das Autobahnnetz geführt. Mit Erfolg und zum Nutzen seiner Bürgerinnen und Bürger, sowie von Handel, Gewerbe und Industrie. Die A 81 und die A 8 sind Belege hierfür. Der individuellen Mobilität, Umweltgesichtspunkte eingeschlossen, sind jedenfalls keine Grenzen gesetzt.

Fehlt eigentlich nur noch das Wasser, an dem in Böblingen wahrlich kein Mangel herrscht. Zunächst sind als Kleinode der Natur die beiden Seen zu nennen. Der Obere und der Untere See regen nicht nur romantische Gemüter zum Schwärmen an. Nein, die beiden blaugrünen Augen der Stadt, die aus luftiger Höhe wie Edelsteine funkeln, sind ein kostbarer Schatz für die rund 46 000 Einwohner und die zahlreichen Gäste, die jedes Jahr nach Böblingen kommen.

Auch im Böblinger Heimatlied von Friedrich E. Vogt haben die Seen mit ihrer das Stadtbild prägenden Kulisse Eingang gefunden:

Im Schwabenlande wohl bekannt,
vor Stuttgarts Toren drauß,
liegt eine Stadt am Schönbuchrand,
schaut weit ins Land hinaus.
Dort türmten hohe Giebel sich,
umwehrt von Mauerwerk,
dort stand, der Kirche zugesellt,
ein Schloß auf hohem Berg.
Dort grüßt der Forst
vom Waldburghang
herab schon tausend Jahr,
dort spiegelt sich zur Stadt empor
der Seen Zwillingspaar.

Vogt, der unvergessene schwäbische Literat, Mundartdichter und Forscher, hat übrigens auch über die entscheidende Schlacht im Bauernkrieg des Jahres 1525 vor den Toren Böblingens und Sindelfingens ein Schauspiel geschrieben. Es wurde in den 50er Jahren an historischer Stätte aufgeführt und ist seither in Vergessenheit geraten.

An das Schicksalsdatum deutscher Freiheitsgeschichte wird jedoch in umfassender und anschaulicher Weise im Bauernkriegsmuseum in der Böblinger Zehntscheuer erinnert. Diese in ihrer Art und Anlage wohl einmalige Einrichtung ist allein einen Besuch der Stadt wert.

Zurück zu den Seen: Nicht vergessen werden darf in diesem Zusammenhang der Böblinger Heimatdichter Theodor Wacker. In unmittelbarer Nachbarschaft aufgewachsen, spricht er in seinen köstlichen Mundart-Werken immer wieder das glitzernde Zwillingspaar an. Ob es nun der Geesgarte am Obre Sai (ins Hochdeutsche übersetzt: die Gänsewiese am Oberen See) oder die Idylle am Ont're Sai (Unterer See) in dem Gedicht „D'r Dampfhannes" ist: der nun über 80-jährige Wacker hat ihnen ein literarisches Denkmal gesetzt.

Böblingens berühmtestes Zwillingspaar – um bei Friedrich E. Vogts Wortspiel zu bleiben – war natürlich auch das Herzstück der Landesgartenschau 1996. Dieses Ereignis hat das Stadtbild Böblingens nachhaltig verändert. Über die Bahnhofstraße mit sattem Grün, leuchtend blühenden Blumenpyramiden und dem hübschen Wasserlauf (ein kleines Symbol für Wandel und Veränderung, aber auch Wiederkehr) erreicht man den Stadtgarten mit Unterem und Oberem See. Mitten in hektischem Getriebe eines vitalen Wirtschaftszentrums findet man hier urplötzlich eine Oase der Ruhe und Entspannung, ja Beschaulichkeit. Überraschende, vielleicht so nicht erwartete Einblicke in ein Böblingen, das fast südländisches Flair verströmt.

Gärtnerisch gepflegt gestaltet, erstreckt sich der Stadtgarten auf einer Fläche von über 210 000 Quadratmetern rund um die beiden Skulpturen und Freitreppen umsäumten Seen: mit Wasserkaskaden und -spielen, einer viel Atmosphäre ausstrahlenden Wandelhalle, die einer Kurmetropole zur Ehre gereichen würde, sowie anregenden Ideen zur Freizeit-Gestaltung. Und mit der jährlichen Optimisten-Regatta auf dem Oberen See erhält Böblingen dank der flinken Jollen mit den bunten Segeln sogar eine heiter beschwingte maritime Note.

In das Stadtgarten-Konzept einbezogen sind auch Murkenbach, Baumoval (als Ort großer Freiluft-Veranstaltungen bei der Sporthalle) und das Ganssee-Gebiet.

Quer durch Böblingen zieht sich somit ein abwechslungsreicher Naherholungsraum mit einer Fülle von Gelegenheiten, der Natur und dem Kreislauf der Jahreszeiten persönlich zu begegnen. Wo findet man das sonst noch in der Alltagshast einer Stadt von der Größe Böblingens?

Das Wasser kommt als verbindendes Element hinzu. Symbol ist hier insbesondere die Schwippe. Weitgehend „gebändigt" zwischen Böblingen und Dagersheim, knüpft sie gewissermaßen ein „fließendes Band" zwischen Kernstadt und Stadtteil (seit 1971), ehe sie in malerischen Windungen der Vereinigung mit der Würm zustrebt.

Womit wir überleiten zur Bäderstadt Böblingen. Eigentlich müsste es, ohne in Übertreibung verfallen zu wollen, „Bad Böblingen" heißen. Denn dem traditionellen Bäderland Baden-Württemberg, das bereits zu Zeiten der Römer wegen seiner heißen, gesundheitsspendenden Quellen geschätzt wurde, fügt sich mit der Mineraltherme am Hexenbuckel ein weiteres Juwel an.

Für die Geschichte der Mineraltherme Böblingen war der 11. August 1983 das entscheidende Datum. Schon immer hatte es Vermutungen und Hinweise auf das „weiße Gold" in Böblingens „Untergrund" gegeben. An diesem Tag wurde man endlich fündig und stieß in 775 Metern Tiefe auf den begehrten Schatz der

Natur, der u.a. Bad Cannstatt, Wildbad oder Bad Liebenzell – um einige Namen aus der Nachbarschaft zu nennen – berühmt gemacht hat. Für die Große Kreisstadt war diese Entdeckung von unschätzbarem Wert, weil die Therme zum Sahnehäubchen auf der reich bestückten Spezialitäten-Karte der Stadt geworden ist und zu einer außerordentlichen Lebensqualität beiträgt.

1989 öffnete die Mineraltherme Böblingen ihre Pforten. Die fein abgestimmte Architektur mit Kuppeln, Rundbögen und Säulen geht nicht nur harmonisch in der umgebenden Landschaft auf, sondern lädt die Badegäste auch zu einer optisch stilvollen Erlebnisreise auf eine Insel der Ruhe, Entspannung und des Wohlbehagens ein. Vier Becken mit einer Wasserfläche von insgesamt 675 Quadratmetern und Temperaturen von 31 bis 36 Grad, vier Saunen und zwei Dampfbäder lassen für Gesundheitsbewusste wie Stressgeplagte, die einmal nur abschalten oder einfach ausspannen und auftanken möchten, keine Wünsche offen. Reizvoll, insbesondere im Winter, das 300 Quadratmeter große Freiluftbecken des an die Antike erinnernden Gesundbrunnens. Ergänzt wird die Palette durch Solarien, Whirlpool, Kneippanlagen und Massageeinrichtungen.

Nach einem balneologischen Gutachten besitzt die Mineraltherme Heilwasserqualität. Das fluoridhaltige Natrium-Chlorid-Thermalwasser eignet sich zur Heilung von degenerativen und chronisch entzündlichen rheumatischen Erkrankungen, zur Behandlung und Nachbehandlung von Unfallverletzungen und Operationen sowie zur Behandlung von Schäden des Bewegungsapparates und Lähmungen ohne Progredienz. Ganz allgemein hilft es bei Verspannungen der Muskulatur und zur Wiederherstellung der Vitalität. Ein breites therapeutisches Anwendungsspektrum also.

Gleich neben der Mineraltherme am Hexenbuckel liegt das große Böblinger Familien-Freibad mit drei Becken, Sprungeinrichtungen sowie einer Riesenrutsche. Spaß und Vergnügen sind hier die ganze Saison über angesagt. Abgerundet wird das Fitnessangebot mit dem Hallenbad an der Schönaicher Straße – den Saunabetrieb eingeschlossen. Auf einen Nenner gebracht: Gesundheit, Freizeit und Erholung haben in Böblingen einen hohen Stellenwert.

Genauso verhält es sich beim Sport. Allein die Aufzählung der Einrichtungen ist schon imponierend: zwei Stadionanlagen (Böblingen und Dagersheim), elf Sport- und Freizeitanlagen, fünf Trimmpfade, 19 Turn- und Sporthallen, zwei Reitanlagen, eine Schießsportanlage und eine Feldbogenschießanlage.

Ideale Bedingungen für den Leistungs-, Breiten- und Schulsport. Getragen von zahlreichen Sportvereinigungen und Abteilungen.

„Flaggschiff" in Böblingen ist die über 7000 Mitglieder zählende Sportvereinigung. In Dagersheim der TSV. Oder denken wir, um zwei weitere Beispiele zu nennen, an den Turnverein 1845 und die traditionsreiche Schützengesellschaft von 1480. Es gibt kaum eine Sportart, die in Böblingen nicht betrieben wird. Entsprechend groß sind auch die Erfolge: aus der Stadt kommen Olympiasieger, Welt- und Europa- sowie zahllose Deutsche Meister. Böblingen ist auf diese sportlichen Aushängeschilder mit Recht stolz!

Stolz darf man seit Jahrzehnten auch auf die Sporthalle sein. Sie hat zum internationalen Ansehen der Stadt maßgebend beigetragen. Sportliche Leckerbissen finden sich hier neben kulturellen und musikalischen Ereignissen jeglicher Art. Böblingen wurde sowohl zum Mekka volkstümlicher Fernsehunterhaltung („Verstehen Sie Spaß...?") als auch zum Wallfahrtsort für Pop-Fans. Bekannte Sportler und Stars gaben hier neben Nachwuchstalenten sowie den Teilnehmerinnen und Teilnehmern der ersten Partnerstadt-Olympiade im Jahr 1978 ihre Visitenkarte ab.

Bis zu 6500 Personen fasst die Sporthalle, in der neben den bereits erwähnten Großveranstaltungen auch Verbrauchermessen, Märkte und Fachausstellungen „über die Bühne" gehen. An Ausstellungsflächen stehen hier maximal 5000 Quadratmeter zur Verfügung. Planerisch gelungen und wohl durchdacht schließt sich im Außenbereich mit 10 000 Quadratmetern Freigelände das so genannte Baumoval an. Es eignet sich für Open-Air-Veranstaltungen, Zirkusgastspiele, Volksfeste, Floh- und Jahrmärkte und stellt eine ideale Ergänzung zum Raumangebot der Sporthalle dar. Gemeinderat und Verwaltung haben mit dieser geglückten Kombination eine kluge Entscheidung getroffen und gleichzeitig Erfolg versprechende Weichen für die Zukunft gestellt.

Zur Kongresshalle mit ihrer bezaubernden Lage zwischen den beiden Seen sind es nur wenige Schritte. Böblingens „Musentempel" ist eine Berühmtheit für sich. Wer zählt die Prominenz, nennt die Namen, die hier alle schon zusammenkamen, ist man in Abwandlung eines bekannten Gedichtes versucht zu sagen. Theater, Ballett, Musik, Musical, Show – das Repertoire der Kongresshalle ist schier unerschöpflich. Politische Schlachten von landes- und bundespolitischer Bedeutung wurden und werden hier ebenso geschlagen, wie sich die Kongresshalle für sonstige Kundgebungen, Firmenjubiläen und Feiern, Tagungen, Seminare, Bälle, Präsentationen und jeden nur denkbaren Anlass eignet. Technisch nach den modernsten Gesichtspunkten ausgestattet, finden in den verschiedenen Räumen bis zu 1200 Personen Platz. Säle und Salons können darüber hinaus auf individuelle Bedürfnisse schnell und unkompliziert zugeschnitten werden. Die Gastronomie ist vorzüglich. Die Kongresshalle mit ihren erholsamen Spazierwegen durch den Stadtgarten nimmt im kulturellen, gesellschaftlichen und vor allem wirtschaftlichen Leben der Stadt einen hohen Stellenwert ein. Sie ist eines der markantesten Gesichter des neuen Böblingen und unterstreicht nachhaltig die Attraktivität der Stadt. Schließlich wird die Konkurrenz in der Region Stuttgart nicht eben kleiner. Böblingen stellt sich diesem Wettbewerb mit dem gebotenen Augenmaß, Wissen, Ideenreichtum und einem gerüttelten Maß an Erfahrung. Pures Prestigedenken findet keinen Platz. Vielleicht, und das ist leicht augenzwinkernd gesagt, eingedenk eines Spruches des langjährigen Stuttgarter Oberbürgermeisters Manfred Rommel: „Ach, wie wären wir doch froh, hätten wir ein Weltniveau. Doch unsere Kräfte sind zu schwach, erlahmen schier am Nesenbach." Andererseits, und auch dieses ist wahr, gehört ein gewisses Understatement nun einmal zur Wesensart des Schwaben. Dieses nur auf den ersten Blick widersprüchliche Verhalten fasste Manfred Rommel in folgende Worte: „Der Schwabe tut so, als ob er arm sei; aber er ist beleidigt, wenn andere ihm das glauben." Still vergnügt selig sein heißt deshalb die Devise.

Doch Spaß beiseite: Böblingen ist eine weltoffene Stadt. Was ja auch schon festgestellt und an Beispielen belegt worden ist. Böblingen ist aber in besonderem Maße eine europäische Stadt. Nicht nur, weil hier Mitbürgerinnen und Mitbürger anderer Nationalitäten ein Zuhause gefunden haben, sondern weil man schon frühzeitig aktiv an der europäischen Einigung mitgewirkt hat. Es war in erster Linie der damalige Oberbürgermeister Wolfgang Brumme, der diese praktische Politik der kleinen Schritte auf kommunaler Ebene vorangetrieben hat. Wenn heutzutage von einem Europa der Regionen die Rede ist, in denen ganz bewusst kulturelle Vielfalt sowie individuelle Ursprünglichkeit ihren Platz haben, so hat Böblingen auf diesem Gebiet wirkliche Pionierarbeit geleistet. Eingedenk der Tatsache, dass Europa nur zusammenwachsen kann, wenn seine Bürgerinnen und Bürger mit dem Herzen eine solche Idee mittragen, wurde 1956, also nur elf Jahre nach Beendigung des Zweiten Weltkrieges, die erste Partnerschaft mit dem französischen Pontoise geschlossen. Dies geschah aus der Überzeugung heraus, dass die europäische Einigung nur auf dem Fundament der deutsch-französischen Aussöhnung und einer dauerhaften Verständigung zwischen beiden Ländern gelingen kann. Eine Einschätzung, die sich bewahrheitet hat.

Nach Jahrhunderten kriegerischer Auseinandersetzungen, die furchtbares Leid über die Völker gebracht haben, wurde mit dem Beginn des europäischen Einigungsprozesses eine Friedensperiode eingeleitet, die jetzt über ein halbes Jahrhundert lang währt. Nun soll auch der Osten unseres Kontinents in dieses gemeinsame Werk eingebunden werden. Der Europastaft Böblingen, die nach 1945, wie eingangs geschildert, tausende Menschen aus Ost- und Westpreußen, Pommern, Schlesien, dem Sudetenland, Böhmen, Mähren, dem donauschwäbischen Raum, Siebenbürgen und dem Banat aufgenommen hat, eröffnen sich auf Grund dieser Entwicklung neue Zukunftsperspektiven. Perspektiven, an die nach dem totalen Zusammenbruch niemand zu denken wagte.

Werfen wir nun einen kurzen Blick auf die Partnerstädte: Das Septett der Böblinger Partnerstädte wird – es ist bereits erwähnt worden – seit 1956 von Pontoise angeführt. Im Tal der Oise und im Weichbild der französischen Hauptstadt gelegen, verkörpert die Stadt das historische wie das moderne Frankreich in einem. Neben einer sehenswerten Altstadt macht die unmittelbare Nähe zu Paris und Versailles den einzigartigen Reiz dieser funktionierenden Verbindung aus. In Pontoise hat nicht zuletzt der Impressionist Camille Pissarro gelebt und gearbeitet. Ihm ist dort ein Museum gewidmet. Parallelen zum kunst- und kulturbeflissenen Böblingen drängen sich da geradezu auf.

Geleen in den Niederlanden ist vor allem industriell geprägt. Bestimmte früher der Steinkohlebergbau die im Dreiländereck mit Deutschland und Belgien gelegene Stadt, so ist es heute die chemische Industrie. In Geleen ist einer der größten Arbeitgeber des Landes beheimatet, der 12 000 Menschen Brot und Arbeit gibt. Hier ist es in erster Linie die wirtschaftliche und europäische Komponente, die Vergleiche mit Böblingen zulässt. Die harmonische Partnerschaft ist 1962 begründet worden.

Nur fünf Jahre später, 1967, erfolgte zwischen Bergama in der Türkei und Böblingen ein gewaltiger Brückenschlag. Es war ein mutiger Schritt, weit der aktuellen politischen Entwicklung voraus. Böblingens entfernteste Partnerstadt besitzt als antikes Pergamon Weltgeltung. Sein reiches Kulturerbe lockt jährlich Hunderttausende in den Westen der Türkei. Die Freundschaft mit Bergama, rund 100 Kilometer nördlich von Izmir gelegen, gibt Böblingen ausbaufähige Zukunftsimpulse.

Im Gegensatz zum alten Pergamon hat Glenrothes in Schottland, Partnerkommune seit 1971, noch eine sehr junge Geschichte. Die Stadt, 30 Kilometer von Edinburgh entfernt, ist erst 1948 gegründet worden. Mittlerweile Sitz des regionalen Fife Council, beherbergt sie zahlreiche Hightech-Unternehmen und gilt als Tor zu den Highlands, Schottlands Postkarten-Landschaft. Denkt man an Böblingens Nachkriegsentwicklung, liegen die Gemeinsamkeiten klar auf der Hand.

Über 1000 Jahre alt ist Krems an der Donau, seit 1972 mit Böblingen partnerschaftlich verbunden. Kunst und eine reiche Vergangenheit sind in dieser lieblichen österreichischen Stadt nahe Wien ebenso zu Hause wie der Wein. Letzterer lässt selbst den sesshaftesten schwäbischen Vierteles-Schlotzer mobil werden. Er muss sich ja nicht unbedingt in den Sattel schwingen und in die Pedale treten, obgleich Krems auch über den vielbefahrenen Radweg von Passau nach Wien erreicht werden kann.

Wenn wir schon bei kulinarischen Köstlichkeiten sind: Das piemontesische Alba zählt zu den heimlichen „Schlemmer-Hauptstädten" Europas. Rebengewächse wie der Arneis, Dolcetto, Barbera, Barbaresco, Nebbiolo oder der Barolo haben die 100-türmige Stadt in gleichem Maße berühmt gemacht wie die weißen Trüffel.

Viele Böblingerinnen und Böblinger schwelgen in seligen Erinnerungen und ungeduldiger Vorfreude, wenn sie an diese genussreichen Tafelfreuden ihrer italienischen Partnerstadt (seit 1985) denken. Welch ein Glück, dass die Albeser regelmäßig zu uns ins Ländle kommen … Schließlich stärken auch Essen und Trinken den freundschaftlichen Zusammenhalt.

Der Kreis schließt sich mit Sömmerda im Herzen Thüringens. Die 1988 geschlossene Partnerschaft kam in der Vor-Wendezeit zustande, als erstmals seit der Teilung Deutschlands überhaupt eine Möglichkeit dazu bestand. Beherzt und mutig ergriff man in Böblingen die sich bietenden, zunächst noch bescheidenen Ansätze, um Trennendes zu überwinden, mühsam zusammenzufügen, was einstmals zusammengehörte. So hat Böblingen auch bei der Deutschen Einheit, ohne es am Anfang zu wissen oder zu ahnen, Schrittmacherdienste im Kleinen geleistet. Die guten Beziehungen bestehen fort, zumal Sömmerda in vier Autostunden zu erreichen ist.

Bleibt zu erwähnen, dass in Dagersheim seit 1959 Beziehungen zu Prutz in Tirol sowie Kontakte zur Gemeinde Brixen im Thale unterhalten werden.

Seit 1964 hat die Große Kreisstadt Böblingen außerdem die Patenschaft über das nordböhmische Niederland. Das kulturelle Andenken wird in einer Heimatstube bewahrt und gepflegt, die in der Vogtsscheuer untergebracht ist. Durch den tiefgreifenden Wandel der politischen Verhältnisse in Ost- und Südosteuropa wird Böblingen dank des Vermächtnisses dieser Patenschaft einmal mehr in die Lage versetzt, aus der Vergangenheit über die Gegenwart gestalterisch in die Zukunft zu wirken.

Böblingen ist 1976 vom Europarat mit der Europafahne und 1996 mit der Europaplakette ausgezeichnet worden. Die „Flamme für Europa" ist nie erloschen, der enge Kontakt zu den Partnerstädten nicht abgerissen. Vereine, Schulen, Künstler, Betriebe und Unternehmen sowie vor allem zahllose Privatleute sind der Beweis dafür, dass Böblingen wirklich eine europäische Stadt ist. Sie erhebt nicht nur den Anspruch darauf, sondern sie lebt es vor. Tagtäglich. Sogar mit einer eigenen Olympiade: der Partnerstadt-Olympiade mit jugendlichen Teilnehmerinnen und Teilnehmern aus allen acht Städten – quer durch ganz Europa.

Das hat im beginnenden 21. Jahrhundert mehr als nur symbolische Aussagekraft: Olympischer Basis-Geist, aus dem „Geist von Böblingen" erwachsen, als konkrete Vision für Europa und die Welt!

Der europäische Standard, die globale Ausrichtung und Geltung Böblingens finden vor allem im gewerblich-industriellen Bereich ihren Ausdruck. „Was gut ist für Stadt und Kreis, ist auch gut für das Land", hieß noch vor Jahren ein geflügeltes Wort. Es birgt nach wie vor mehr als ein Körnchen Wahrheit in sich.

Bei der Konzeption des vorliegenden Buches wurde bewusst darauf verzichtet, Böblingens industrielle Entwicklung von den Anfängen bis heute detailliert nachzuzeichnen. Hierzu liegen ausführliche Veröffentlichungen, unter anderem von Erich Kläger und Walter Rebmann, vor. Vielmehr soll schlaglichtartig aufgezeigt werden, welch hohen – ja entscheidenden – Stellenwert Handel, Handwerk, Gewerbe und Industrie im Leben der Stadt einnehmen. Eindrucksvolle Bilder verdeutlichen dies zuweilen mehr als die Aneinanderreihung von Daten, Fakten und Zahlen.

In Böblingen wurde schon in weltweiten Zusammenhängen gedacht und gehandelt, als das Wort Globalisierung noch keinen Eingang in den allgemeinen Sprachgebrauch gefunden hatte. Einer der Gründe: In der Stadt wird fast jede zweite Mark im Export erwirtschaftet. Ein anderer ist aus der Tatsache ablesbar, dass sich in den stürmischen Wachstumsjahren die Bevölkerung – rein statistisch gesehen – alle sieben Jahre umgeschlagen hat. Schon darin spiegelt sich eine ungeheure Wucht und Dynamik wider, wenngleich damit vielschichtige Probleme individueller Identifikation und Integration verbunden sind. Diese Entwicklung verläuft zwar jetzt langsamer. Insofern ist ihre

Brisanz abgemildert, aber nach wie vor spürbar. Ein Preis, der entrichtet werden muss. Die Wirtschaft ist es letztendlich, die über das Wohl und Wehe der Stadt mit ihren Bürgerinnen und Bürgern mit entscheidet.

Wegen der immensen Bedeutung der Exportwirtschaft für unseren Ballungsraum werden beispielsweise die Bandbreite der Dollarschwankungen, die harten Bedingungen des internationalen Wettbewerbs sowie die einem ständigen Wandel unterworfenen Märkte auch künftig direkte Auswirkungen auf Betriebe und Arbeitsplätze haben. Auf der anderen Seite bieten die breit gefächerten, gesunden Wirtschaftsstrukturen der Stadt die Gewähr dafür, kritische oder gar rezessive Situationen und Zyklen besser zu meistern und auszugleichen. Auch vor diesem Hintergrund mag manch unliebsame Erscheinung, wie die erhebliche Bevölkerungsfluktuation, in einem anderen Licht erscheinen. Gemeinderat und Verwaltung betreiben jedenfalls nach besten Kräften eine kluge Ansiedlungspolitik.

Böblingen ist heute in erster Linie ein Zentrum der Informations- und Kommunikationstechnologie. Namen wie Hewlett-Packard, IBM sowie eine ganze Reihe neuer Software- und Internet-Unternehmen garantieren der Stadt im internationalen Vergleich einen Spitzenplatz unter den so genannten Zukunfts-Industrien.

DaimlerChrysler ist mit einer Niederlassung vertreten. Die Firma Eisenmann, die ihren Sitz in Böblingen hat und vor einem halben Jahrhundert gegründet wurde, zählt im globalen Maßstab zu den bedeutenden System-Lieferanten für Oberflächentechnik, Materialfluss-Automation, Umwelttechnik sowie von Brennlinien für die keramische Industrie. Schwäbische Traditionsunternehmen wie der Spielwarenhersteller Kibri oder die Sanitär-Großhandelsgruppe Reisser sind in Böblingen ebenso beheimatet wie zum Beispiel das auf chemische Wirkstoffe spezialisierte Werk von Schill + Seilacher. Hinzu kommen zahlreiche weitere mittelständische Unternehmen der Kraftfahrzeugbranche, der Maschinen-, elektrotechnischen und metallerzeugenden Industrie, des gesamten Dienstleistungssektors sowie des Verlags- und Druckgewerbes.

Blenden wir an dieser Stelle für einen kurzen Moment zurück: Von der Kesslerzunft des Mittelalters, die ja mit Böblingen in besonderer Weise verbunden war und bei den Stadtfesten unserer Tage wieder auflebt, bis heute – eine wirklich atemberaubende Entwicklung.

Böblingen ist ein wichtiger Teil der Wirtschaftsregion Stuttgart. Seit 1994 besitzt dieser Kernbereich Baden-Württembergs und Europas eigene politische Strukturen. So wird das Regionalparlament direkt vom Volk gewählt. Beschränken sich die Kompetenzen augenblicklich vorwiegend noch auf Planung und Verkehr, so ist hier doch schon ein Stück europäischer Wirklichkeit der Zukunft vorweg genommen. Von Gottlieb Daimlers Gartenhäuschen in Bad Cannstatt, wo er 1883 den ersten schnell laufenden Verbrennungsmotor erfand, bis zur wirtschaftlichen Spitzenstellung der Region im ausgehenden 20. sowie beginnenden 21. Jahrhundert lassen sich direkte Parallelen ziehen.

Den großen Durchbruch auf diesem Weg schaffte die Automobilindustrie. In der Region Stuttgart mit der Landeshauptstadt und den fünf Landkreisen Böblingen, Esslingen, Göppingen, Ludwigsburg und Rems-Murr lebt auf einem Zehntel der Fläche ein Viertel der Bevölkerung Baden-Württembergs. Über eine Million Erwerbstätige in der Region erbringen eine Bruttowertschöpfung von etwa 140 Milliarden Mark. Das entspricht einem Drittel der Wertschöpfung des gesamten Landes. Mit einer Exportquote von nahezu 40 Prozent ist die Industrie der Region „Exportweltmeister" sowohl im Landes- als auch im Bundesvergleich. Die Infrastruktur öffentlicher und privater Forschungs- und Entwicklungseinrichtungen ist vorbildlich und trägt in entscheidendem Maße zur Zukunftssicherung bei. In Böblingen selbst ist die Akademie für Datenverarbeitung angesiedelt, und das IBM-Forschungs- und Entwicklungslabor auf dem Schönaicher First nimmt nicht nur konzernweit eine wissenschaftliche Sonderstellung ein.

Um nochmals auf Hewlett-Packard (HP) und die IBM zurückzukommen: ähnlich spannend wie die Erfolgsgeschichte von Gottlieb Daimler liest sich auch die HP-Story. Im Hinterhaus einer Böblinger Strickwarenfabrik wurde 1959 die erste HP-Fabrikationsstätte außerhalb der USA eröffnet. 18 Mitarbeiter fertigten damals Sinus-Generatoren sowie analoge Gleich- und Wechselspannungsvoltmeter nach Plänen der amerikanischen Muttergesellschaft. Heute gehört Hewlett-Packard Deutschland zu einer der größten Auslandsgesellschaften, zählt 7700 Mitarbeiterinnen und Mitarbeiter und verbuchte 1999 einen Gesamtumsatz von 10,4 Milliarden Mark. Rund 2500 Beschäftigte der Messtechnik sind seit 1. November 1999 in die Agilent Technologies integriert. HP gilt weltweit als zweitgrößtes Unternehmen der Informations-Technologie. Die mehr als 36000 Produkte werden in Wirtschaft, Industrie, Wissenschaft, Behörden, Verwaltung sowie im Gesundheits- und Bildungswesen eingesetzt. Der Aufstieg des Böblinger Unternehmens ist zu einem Symbol für Pioniergeist und Wachstum in der Computer- und Elektronikbranche geworden. Die Betriebsstätten an der Herrenberger Straße, wie übrigens auch die Gebäude anderer Firmen auf der Hulb sowie in den Bereichen Tübinger, Schönaicher und Bahnhofstraße, sind außerdem Beispiele gelungener Industriearchitektur und zeitgemäßer städtebaulicher Kultur.

Der Raum Böblingen/Sindelfingen hat bekanntlich einst der deutschen Computerindustrie durch die Ansiedlung von Hollerith – der späteren IBM – „Geburtshilfe" geleistet. Die IBM-Hauptverwaltung residierte nach dem Zweiten Weltkrieg lange Jahre in Böblingen, ehe sie an den Rand der Landeshauptstadt Stuttgart übersiedelte. Und mit dem Halbleiter-Werk auf der „Hulb", jetzt ein Joint-Venture-Unternehmen mit Philipps, wurde Chip-Geschichte geschrieben. Als Louis V. Gerstner 1993 damit begann, den IBM-Konzern umzubauen und dem sich explosionsartig verändernden Markt und Wettbewerb anzupassen, hatte dies auch Folgen für Böblingen. Die bereits beschriebene Mitarbeiter-Fluktuation wurde gebremst, Betriebsteile in eigenständige Gesellschaften umgewandelt, teilweise verschmolzen und verlegt. Durch die wachsende Bedeutung des Internets, auch als Übergang von der Industrie- zur Informations- und Wissensgesellschaft apostrophiert, ergeben sich laufend neue strategische Allianzen und Partnerschaften. Die IBM wird deshalb auch künftig mit ihren erwähnten Produktions- und Forschungs-Einrichtungen sowie den Service-Gesellschaften und unternehmensspezifischen Teilen dem Wirtschaftsstandort Böblingen Rang und Bedeutung geben.

Der durch das Internet bedingte Aufbruch zu neuen Horizonten leitet über zur Medienstadt Böblingen. Schon relativ früh, im Jahr 1825 nämlich, begann in Böblingen das Zeitungs-Zeitalter. Wie Erich Kläger in dem 1976 erschienenen Buch „Böblingen in alten Ansichten" schreibt, öffnete sich mit der ersten eigenen Zeitung und ihrer raschen Verbreitung für die Stadt ein Tor zur Welt, mit der Böblingen bis dahin vor allem durch den Verkehr verbunden war – freilich abseits der großen Handelsstraßen des Mittelalters gelegen. Aus den Anfängen von einst ist die Kreiszeitung Böblinger Bote mit einer inzwischen 175-jährigen Tradition geworden. In diesem Böblinger Verlags- und Zeitungshaus wurde 1995 mit Germany Live auch einer der ersten weltumspannenden deutschsprachigen Internet-Nachrichtendienste entwickelt und auf dem Markt platziert. Eine wirkliche Pioniertat. Mit dem Pipeline-Verbund, an dem zur Zeit 24 deutsche Tageszeitungsverlage beteiligt sind, wurde der Ausbau zu einer Internet-Zeitung zielstrebig fortgesetzt. Zugleich ist mit BB-Live ein interessantes lokales Angebot entstanden. Auch an diesen Beispielen wird deutlich, mit welcher Geschwindigkeit der

Mediensektor Wachstum und Wandel unterworfen ist.

Seit Anfang Januar 1995 ist außerdem R.TV auf Sendung: ein in Böblingen beheimateter Regionaler Fernsehsender und Pilotprojekt in der baden-württembergischen Medienlandschaft.

Wer sich für Kultur und Kunst interessiert, wird sich zunächst einmal im Bauernkriegsmuseum in der Zehntscheuer umsehen. Wie schon beschrieben, ist es einem wichtigen Abschnitt deutscher Freiheitsgeschichte gewidmet, die vor allem im südwestdeutschen Raum Spuren hinterlassen hat. Nicht weit davon, am Marktplatz, ist das Deutsche Fleischermuseum untergebracht. Es ist ein Unikat in der deutschen Museumslandschaft, hat internationales Interesse geweckt und beherbergt zahlreiche Original-Zeugnisse der Zunft- und Handwerksgeschichte.

Im gleichen Gebäude ist auch das Heimatmuseum Nordböhmisches Niederland zu finden. Überhaupt sind die malerischen Gassen und Gässchen rund um den Schlossberg mit Marktplatz und „helmbewehrter" Stadtkirche, die Böblingen wachenden Schutz gewährt, kultureller Mittelpunkt der Stadt. So ist neben der Städtischen Galerie in der Zehntscheuer mit der bemerkenswerten Sammlung des heimischen Kunstmalers Fritz Steisslinger sowie Werken württembergischer Künstlergruppen der Jahre 1913 bis 1963 auch die galerie contact im Marktgässle angesiedelt, deren Schwerpunkte Wechselausstellungen sind.

Ein wahres Kleinod ist das seit 1992 bestehende und am Schlossberghang gelegene Künstlerhaus Altes Amtsgericht mit Ausstellungen, Kabarett, Lesungen und Kleinkunst. Und wer einen Rundgang in der Innenstadt mit Stadtgarten unternimmt, trifft dort auf Plastiken des Böblinger Bildhauers Rudolf Christian Baisch. Bei der Zehntscheuer steht eine Bronzeplastik des Berliner Künstlers Richard Hess. Schließlich ist vor der Kongresshalle der großen Schauspielerin und einstigen Mitbürgerin Ida Ehre ein Platz gewidmet. Eine Sehenswürdigkeit ist der Christophorusbrunnen am Marktplatz. Die Brunnenfigur ist nachgebildet, das Original von 1526 kann man im Bauernkriegsmuseum bewundern.

Geltung über die Stadtgrenzen hinaus genießen die Böblinger Kantorei sowie die Musik- und Kunstschule. Die Stadtbibliothek „Im Höfle" unterhält Zweigstellen im Schulzentrum Murkenbach, im Zentrum Diezenhalde und in der Zehntscheune Dagersheim, die dem dortigen Ortsmittelpunkt Gewicht und Gestalt verleiht.

Seit einigen Jahren bietet Böblingen mit dem „Sommer am See" eine Fülle kultureller Veranstaltungen in unvergleichlicher Umgebung und Atmosphäre. Träger des breitgefächerten kulturellen Lebens sind in Böblingen wie anderswo auch Vereine, Kirchen, Schulen und private Initiativen. Skizzenhaft angerissen seien die seit 160 Jahren bestehende Chorvereinigung Liederkranz, die 1874 gegründete Stadtkapelle, der Harmonika-Spielring, der auf sein 70-jähriges Bestehen zustrebt, die Feuerwehrmusikkapelle in Dagersheim, das Kinder- und Jugendtheater, Fanfarenbands, die AG Song, Ballett- und Jazz-Dance-Gruppen, der Galerieverein, der Kunstverein sowie natürlich das Amt für Kultur der Stadtverwaltung. Böblingen darf sich deshalb wohl zu Recht auch „Kulturstadt" nennen.

Natürlich beherbergt Böblingen als „Kreis-Hauptstadt" neben dem Landratsamt eine Vielzahl von Fachbehörden sowie weiteren staatlichen, schulischen, kirchlichen und wirtschaftlichen Einrichtungen und Verbänden. Das gehört zum Standard wie ein funktionierendes Kindergarten- sowie Schul- und Bildungswesen. Die Geschichte der Garnisonsstadt Böblingen – hier wurde unter anderem die erste deutsch-französische Brigade aufgestellt – ist weitgehend abgeschlossen. Lediglich in der Panzerkaserne sind noch US-Spezialeinheiten stationiert. Das einstige Reparaturwerk- und frühere Flughafengelände sowie Teile der Wildermuth-Kaserne geben nun Raum für neue, in die Zukunft gerichtete stadtplanerische Überlegungen. Aufgabe und Herausforderung, aber auch ideale Gestaltungsmöglichkeit für die kommenden Jahre und Jahrzehnte.

Wenden wir uns zum Schluss der Gastlichkeit im weitesten Sinne zu. Veranstaltungen wie der traditionelle Jahrmarkt, das Weinfest der Stadtkapelle und der Weihnachtsmarkt bringen alljährlich Zehntausende auf die Beine. Im zweijährigen Rhythmus verwöhnt der Böblinger Fischmarkt mit fangfrischen Spezialitäten aus allen Weltmeeren seine Besucherinnen und Besucher. Wobei wir nun wirklich bei den leiblichen Genüssen wären.

In Böblingen und Dagersheim ist auch die Küche international. Ob asiatisch, südländisch-europäisch oder sogar arabisch-afrikanisch: kein Feinschmecker wird leer ausgehen. Der gastronomische Äquator läuft rund um den Marktplatz, dem Künstlerviertel entlang zum Reußenstein, Tannenberg und dem neuen Stadtteil Diezenhalde hinauf. Selbstverständlich kann man auch an den „Gestaden" der Seen und in Dagersheim Magen und Gaumen verwöhnen. Nicht zuletzt darf Gambrinus gehuldigt werden, denn in Böblingen ist mit dem „Schönbuch-Bräu" nach wie vor eine leistungsstarke und wohlsortierte Familienbrauerei ansässig.

Ja, und wer die schwäbische Küche und den dazugehörigen Keller liebt, ist ebenfalls in Böblingen und Dagersheim an der richtigen Adresse. „A Viertele, es derf au a Achtele sei, a süffigs Beblenger Bier, an ofafrischa Leberkäs, saure Kuttla, Griabeschmalz, Buabespitzle, Zwiebelkucha, en kernige Schwarzwurschtsalat, Maultäschle und Roschtbrate … – d'r Herrgott muaß a Schwob gwese sei. A g'mütlichs Plätzle zom Veschpera, zom hocke und schwätze fend m'r en Beblenge ond Dagersche emmer no. Ond: Se send net schwer zum fende. Muascht bloß a wenig suche oder die auskenne! Kommscht et weiter, frog halt!"

Gehen Sie einmal auf eine ganz persönliche Entdeckungsreise, frischen Sie Erinnerungen auf oder lassen Sie sich davon überraschen, wie sehr sich Böblingen in den vergangenen Jahren weiterentwickelt und zu seinem Vorteil verändert hat. Sie werden es ganz bestimmt nicht bereuen.

Epilog

Der Autor gibt es gerne zu: Der vorstehende Beitrag ist eine persönliche Liebeserklärung an Böblingen. An eine Stadt, in der er einen Teil seiner Jugend auf den Trümmern des Marktplatzes mit der „enthaupteten" Stadtkirche verbrachte und die auch den größten Teil seines Berufslebens bestimmte. Eine Stadt, in der seine drei Kinder geboren wurden und gute Freunde wohnen. Eine Stadt, die ihm die notwendige Muße zum Nachdenken gab und ihn doch immer wieder durch ihre Dynamik beeindruckte. Eine Stadt schließlich, deren charmant-beschwingte Atmosphäre und Jugendlichkeit ihn immer wieder zum Bummeln und zur gastlichen Einkehr einlädt.

Doch am besten ist es, die Leserinnen und Leser dieses Buches machen sich selbst ein Bild von Böblingen oder entdecken und erleben es aufs Neue.

Dazu sollen vor allem die fotografischen Einblicke und Momentaufnahmen anregen. Böblingen hat wie gesagt viele Gesichter und überraschende Facetten. Dennoch ist es ein ebenso liebens- wie lebenswertes Original geblieben.

Böblingen – Eine junge Stadt mit Geschichte

Günter Scholz

Die Anfänge

Die Anwesenheit von Menschen auf Böblinger Markung ist bereits für die Zeit um ca. 25 000 v. Chr. durch urgeschichtliche Funde bezeugt. Besiedlungsspuren finden sich aus der Bronze- und Keltenzeit (spätere Hallstattzeit). Um 1100 n. Chr. setzt die schriftliche Überlieferung ein: „Bebelingen" erscheint damals als Name eines alemannischen Adelsgeschlechts. Stadtgründer von Böblingen waren die Pfalzgrafen von Tübingen; im Zuge ihrer Städtepolitik legten sie nach 1250 die Stadt planmäßig in Gestalt eines halben Ovals um den Schlossberg an, mit der Längsachse der Marktstraße und rechtwinklig dazu verlaufenden Quergassen. Bis heute führt Böblingen das Wappen der Tübinger Pfalzgrafen. 1272 wurden erstmals „cives" – Stadtbürger – genannt.

1344/57 gelangten Stadt und Burg Böblingen durch Kauf an die aufstrebenden Grafen von Württemberg. Fortan war Böblingen Verwaltungsmittelpunkt eines württembergischen „Amtes". Der an der Spitze der Obrigkeit für „Stadt und Amt" stehende Vogt (seit 1759 Oberamtmann) war als Statthalter des Landesherrn zugleich Verwaltungs- und Gerichtsherr der Stadt.

Die Zeit der „Fürstlichen Witwen"

Die 1302 erstmals urkundlich erwähnte, jedoch wesentlich ältere Böblinger Burg erlebte im 15. Jahrhundert eine Blütezeit: damals war die Böblinger Residenz einer der Witwensitze des Hauses Württemberg. Zu den „Fürstlichen Witwen", die Glanz und einen Hauch der „großen Welt" in die kleine Ackerbürgerstadt brachten, zählt die Gräfin Mechthild von der Pfalz (1419 – 1482), Tochter des als Gründer der „Bibliotheca Palatina" berühmt gewordenen Kurfürsten Ludwig III. von der Pfalz. Nach dem Tod ihres Gemahls Graf Ludwig I. von Württemberg nahm die Mutter von Graf Eberhard im Bart von Württemberg im Jahr 1450 ihren Witwensitz in Böblingen. Doch bereits 1452 schloss sie eine zweite Ehe mit Erzherzog Albrecht VI. von Österreich. In der „Böblinger Fürstenhochzeit" erlebte die Stadt das vielleicht glanzvollste Ereignis ihrer Geschichte. Durch ihre zweite

Ehe wurde Mechthild Schwägerin Kaiser Friedrichs III. und damit nach der Kaiserin ranghöchste Dame des Reiches. Auf Schloss Böblingen liefen so kurzzeitig Fäden der habsburgischen Reichs- und Heiratspolitik zusammen. Überdies trat Mechthild als Mäzenin hervor – sie förderte Literatur, Musik, Bildende Kunst und Wissenschaft.

Zu den Witwen von geschichtlichem Rang auf Schloss Böblingen zählt außerdem Barbara Gonzaga von Mantua. Nach dem Tod ihres Gemahls, Herzog Eberhard im Bart von Württemberg (1496), lebte sie bis zu ihrem Tod (1503) in Böblingen – durch sie kam die Stadt in Berührung mit der Kultur der Renaissance. 1501 legte sie am Oberen See italienischer Tradition gemäß einen Garten an.

Frühe Neuzeit – Kampf und Kriege

Doch Böblingen im Mittelalter erlebte nicht nur Glanz und Pracht. Ein düsteres Ereignis bildete die Ermordung des Stallmeisters Hans von Hutten 1515 im Böblinger Forst durch Herzog Ulrich von Württemberg. Dem wortgewaltigen Humanisten Ulrich von Hutten, einem Vetter des Ermordeten, gab der „Mord im Böblinger Forst" Anlass für eine heftige publizistische Kampagne gegen den jähzornigen württembergischen Herrscher.

Am 12. Mai 1525 wurde Böblingen Schauplatz einer der blutigsten Schlachten des deutschen Bauernkriegs. In ihrem Kampf um Recht und Freiheit wurden 15 000 Bauern aus Württemberg, dem Schwarzwald und dem Hegau vom Feldherrn des „Schwäbischen Bundes", Georg III. Truchseß von Waldburg, vernichtend geschlagen: weit mehr als 3 000 Aufständische wurden bei Böblingen in der „Revolution des gemeinen Mannes von 1525" getötet. Sie ist heute im Böblinger Bauernkriegsmuseum in der Zehntscheuer ausführlich dokumentiert.

Unter Herzog Ulrich führte 1535 Ambrosius Blarer die Reformation durch – bis ins 20. Jahrhundert war Böblingen fortan konfessionell protestantisch geprägt. Im Dreißigjährigen Krieg erlitt die Stadt, besonders nach der Schlacht bei Nördlingen (1634), einschneidende Bevölkerungsverluste (Rückgang von ca. 1 200 auf ca. 600 Einwohner); doch wuchs die Einwohnerzahl seitdem kontinuierlich an. Die in der zweiten Hälfte des 16. Jahrhunderts erneuerte und mit einem Zwinger versehene Stadtmauer umschloss ein eng bebautes Wohngebiet von

Grenzsteine mit dem Böblinger Wappen

City-markers with the Böblingen coat-of-arms

Bornes aux armes de Böblingen

kaum mehr als 250 Metern Durchmesser; hinzu kamen zwei kleinere Vorstädte. Haupterwerbsquelle bildeten bis ins 19. Jahrhundert Landwirtschaft und Handwerk.

Nach zeitgenössischen Berichten machte die Oberamtsstadt um 1800 mit z. T. verfallenen Häusern einen wenig ansehnlichen Eindruck. Doch vollzog sich seitdem ein Aufbruch: zwischen 1800 und 1910 hat sich die Einwohnerzahl mehr als verdreifacht (1800: knapp 2000; 1850: ca. 3600; 1910: ca. 6100 Einwohner). Das Bevölkerungswachstum sprengte den Mauergürtel; die beiden Stadttore wurden abgetragen.

Entstehung der Industrie

Anfang des 19. Jahrhunderts begann auch in Böblingen die industrielle Entwicklung. Die Voraussetzungen dafür waren allerdings keineswegs günstig. Die Verkehrslage fern von Wasserstraßen war nachteilig. Abgesehen von Holz und etwas Torf fehlten die Rohstoffe. Wasser-

Böblingen um 1930 am Oberen See

Böblingen at the Upper Lake around 1930

Böblingen et son Lac supérieur vers 1930

kraft als Energie stand kaum zur Verfügung. Außerdem mangelte es an Investitionskapital. Angesichts der Armut der Bevölkerung waren überdies dem Markt für neue Produkte von vornherein enge Grenzen gesetzt. Aber es war ein Kapital vorhanden, das sich in der Folgezeit als ausschlaggebend erwies: der Fleiß und die Geschicklichkeit der Menschen. Ihre Tatkraft rühmte ein Beobachter 1825: „Die Bewohner dieses Gebiets beweisen eine lebhafte Betriebsamkeit in allen wirtschaftlichen Zweigen."

Hinzu kam ein vom Pietismus geprägtes Arbeitsethos ernster Pflichterfüllung.
Eingesetzt hat die Frühindustrialisierung in Böblingen mit der chemischen Fabrik Bonz & Sohn, deren Anfänge in das Jahr 1811 zurückreichen. Seit 1847 stellte die Firma Chloroform für Narkosezwecke her. 1894 entwickelte sie zusammen mit Prof. Dr. Bruns in Tübingen den reinen Narkoseäther. Außerdem entstanden bis 1860 mehrere kleinere Unternehmen der Textilbranche und eine Maschinenfabrik. Auch das Braue-

reiwesen wurde wichtig. Der Einsatz „moderner" Technik, vor allem der Dampfkraft, war für die 1856 am Unteren See gegründete Rübenzuckerfabrik charakteristisch. Die immer wieder von Krisen erfasste Zuckerfabrik musste ihre Produktion bereits 1906 einstellen.

Einen zweiten Industrialisierungsschub brachte der in Böblingen lang ersehnte, vom Landtagsabgeordneten Dr. Otto Elben hartnäckig verfolgte Eisenbahnanschluss mit sich: er wurde 1879 mit einem großen Fest begangen. Als der erste Zug einfuhr, „kredenzten junge Damen in weißem Festgewande Erfrischungen von Champagner und Konfekt; auch das Böblinger Bier, welches Töchter hiesiger Stadt darbrachten, wurde von den Herren der Residenz nicht verschmäht", berichtet der Chronist.

Seit den achtziger Jahren des 19. Jahrhunderts entstand auf dem bis dahin unbebauten Gelände zwischen Altstadt und Bahnhof ein neues Industrieareal. In einem „Fremdenführer durch Böblingen und Umgebung" von 1913 wird es

Die Zuckerfabrik am Unteren See, 1913

The sugar factory at the Lower Lake, 1913

La sucrerie au bord du Lac inférieur en 1913

wie folgt beschrieben: „Vom Hauptbahnhof wendet man sich durch die Bahnhofstraße nach Süden der Stadt zu, die größeren gewerblichen Etablissements (wie die Trikotfabriken von Wanner und von Hoch, die Chemische Fabrik von Bonz & Sohn und die Spielwarenfabrik von Kindler & Briel) zur Rechten lassend."

Bei der Industrialisierung nahm wie andernorts auch in Böblingen die Textilbranche eine Vorreiterrolle ein. Bereits 1886 ließ sich die in Stuttgart gegründete Mechanische Trikotweberei Maier & Co. in Böblingen nieder. Das Unternehmen führte der spätere Ehrenbürger Lyon Sussmann zu Weltrang. Sein Erfolgsrezept bestand in der Produktion des „Hautana"-Büstenhalters. Für Böblingen charakteristisch war außerdem die Schuhindustrie, die an das bodenständige Schuhmacherhandwerk anknüpfen konnte. Auch die Spielwarenherstellung hatte Tradition. Durch die Ansiedlung der Möbelfabrik Wilhelm Renz im Jahr 1914 wurde das Branchenspektrum noch erweitert – die Vielfalt war schon damals charakteristisch.

Das Böblinger Industriegebiet im Bahnhofsbereich war Standort ausgesprochen „innovativer" Unternehmen mit attraktiven Erzeugnissen. Dies unterstreicht der hohe Exportanteil, der z. B. bei der Hautana bis zu 50 Prozent betrug. Neben dem Industriegebiet im Bahnhofsviertel bestand ein zweites Fabrikareal im Bereich Stuttgarter Straße / Lauchstraße. Beide Industriezonen waren durch die Stadtgrabenstraße miteinander verbunden, der Otto Elben nach Wiener Vorbild Ringstraßencharakter verleihen wollte.

Wie wichtig die Eisenbahn und das in ihrem Gefolge entstandene Industriegebiet zwischen Altstadt und Bahnhof für die Stadtentwicklung wurde, lässt sich an der Zunahme der Einwohnerzahl ablesen: als die Eisenbahn eröffnet wurde, lag sie bei ca. 4 000, um 1910 bereits bei 6 100 – in drei Jahrzehnten hatte sie also um mehr als 50 Prozent zugenommen.

Zentrum der Luftfahrt

Im Ersten Weltkrieg wurde am 16. August 1915 der Böblinger Militärflugplatz mit Glockengeläut und Böllerschüssen eingeweiht. Die damit von den Stadtvätern verknüpften Hoffnungen auf

Der Marktplatz mit Christopherusbrunnen vor der Zerstörung

The market place with the Christopherus fountain before its destruction

Place du marché et fontaine St-Christophe avant la destruction de la ville

weiteren wirtschaftlichen Aufschwung erfüllten sich allerdings kaum – anders als in Sindelfingen, wo die Ansiedlung der „Daimler-Motoren-Gesellschaft" am Rand des Flugplatzes sich bis heute positiv auswirkt.

Für die weitere Stadtentwicklung von Böblingen war jedoch von entscheidender Bedeutung, dass die Stadt 1925 Sitz des Landesflughafens für Württemberg wurde. Das zur gleichen Zeit wie die Stuttgarter Weißenhofsiedlung geplante, 1928 in Betrieb genommene Empfangsgebäude bildet ein qualitätvolles Zeugnis des „Neuen Bauens" von damals. Mit der Anbindung an das internationale Luftfahrtnetz war Böblingen „Brücke zur Welt".

Am Rand des Flugplatzes errichtete der Böblinger Luftfahrtpionier und spätere Ehrenbürger Dr. Hanns Klemm (1885–1961) Ende 1926 zur Produktion der von ihm erfundenen Leichtflugzeuge die Firma Leichtflugzeugbau Klemm, die – 1939 mit ca. 800 Mitarbeiten – zum wichtigsten Industriebetrieb der Stadt wurde. Die schwachmotorigen und Kraftstoff sparenden „umweltfreundlichen" Klemm-Leichtflugzeuge gaben der Sportfliegerei starken Auftrieb.

Der Böblinger Zivilflughafen, der 1938/39 nach Echterdingen verlegt wurde, wurde bis zum Ende des Zweiten Weltkriegs nochmals Militärflugplatz. Der Nationalsozialismus und seine Folgen zerstörten das Lebenswerk von Hanns Klemm. Dennoch ist die Luftfahrt ein unvergessenes Kapitel der Böblinger Stadtgeschichte.

Die Zerstörung im Zweiten Weltkrieg

Auch in Böblingen, das bereits mit dem Bau der Panzerkasernen in den Jahren 1936–1938 wieder Garnisonsstadt geworden war, brachte der Nationalsozialismus Unrecht, Leid und Tod. Zur schwersten Heimsuchung der Stadt in ihrer Geschichte wurde der Luftangriff in der Nacht vom 7./8. Oktober 1943: 44 Tote und fast 250 Verletzte waren zu beklagen. Der größte Teil der in Jahrhunderten gewachsenen Altstadt mit der Stadtkirche, dem Schloss und dem Rathaus waren in Schutt und Asche gefallen. Dieser und die nachfolgenden rund 40 Bombenangriffe hatten zur Folge, dass bei Kriegsende ca. 40 Prozent der bebauten Fläche zerstört war, nahezu 2 000 Menschen waren obdachlos.

Postplatz,
Blick Richtung Käppele

The post-office square with a view towards the Käppele

Vue de la Place de la poste vers le Käppele

Böblingen zählte damit zu den vom Zweiten Weltkrieg besonders schwer betroffenen Städten Südwestdeutschlands.

Als am 22. April 1945 zunächst französische und am 7. Juli 1945 amerikanische Truppen die Stadt besetzten, waren die Bombengefahr und die nationalsozialistische Gewaltherrschaft zu Ende. Doch die Besatzungszeit brachte eine Flut neuer Probleme – vor allem Nahrungsmittelnot, Wohnungs- und Schulraummangel. In die zerstörte Stadt strömten Flüchtlinge und Heimatvertriebene – ihre Zahl betrug bis 1948 ca. 2 400 und bis 1958 fast 5 000. Dabei bemühte sich die Stadt von Anfang an, den Neubürgern eine zweite Heimat zu bieten. Umgekehrt wirkten diese aktiv am Wiederaufbau und am städtischen Leben mit, z. B. in den Vereinen.

Wiederaufbau und Wachstum

Schrittweise setzte nach Kriegsende ein demokratischer Neubeginn von unten ein: am 26. Februar konstituierte sich der erste frei und demokratisch gewählte Gemeinderat. Nach der Währungsreform vom 20. Juni 1948 wurde unter dem jungen Bürgermeister Wolfgang Brumme der Wiederaufbau im Zusammenwirken von Gemeinderat und Bevölkerung tatkräftig begonnen. Zum Symbol des Wiederaufbaus wurde die 1949/50 wieder hergestellte Stadtkirche. Mit dem Ziel, die alte Mitte durch Rückgewinnung ihrer traditionellen Funktionen aufzuwerten, entstand 1951/52 das Rathaus am unteren Marktplatz.

Auf der Grundlage eines mehrfach veränderten Bebauungsplanes wurde die Altstadt neu aufgebaut. Die Ruinen des Schlosses waren allerdings bereits 1950 abgetragen worden.

In der Folgezeit wurden Jahr für Jahr neue Wohngebiete errichtet, und die Stadt wuchs rasch über den Rahmen der Vorkriegszeit hinaus. So wurden die Wohnsiedlungen „Krumme Landen", „Eckhartsloch" sowie „Oberes und Unteres Lauch" angelegt. Auf dem 1956 von der Stadt erworbenen Gelände der Zuckerfabrik wurde ein Schul- und Verwaltungszentrum errichtet. In dem dahinter liegenden Gebiet

Elbenplatz und Stadtgrabenstraße, 1916

Elbenplatz (Elben place) and the city moat street, 1916

Elbenplatz et Stadtgrabenstraße, 1916

„Leere Wasen" entstand ein neuer Stadtteil mit dem „Berliner Platz" als Mittelpunkt. Weitere Ansiedlungsmöglichkeiten eröffneten sich seit 1960 im Bereich „Mönchweg", „Siebeneck" und „Unterer Tiergarten". Später folgten die Wohngebiete „Im Grund", „Rauher Kapf" und schließlich die „Diezenhalde".

Aus dem Wiederaufbau wurde rasch der größte Wachstumsschub im Verlauf der Stadtgeschichte: die Einwohnerzahl verdreifachte sich innerhalb von nur zwei Jahrzehnten (1950: 12 600; 1970: 37 500). Durch die Eingliederung von Dagersheim (1971) wuchs sie auf ca. 42 000 an. Im Jahr 2000 liegt sie bei ca. 47 000. 1962 erfolgte die Erhebung zur „Großen Kreisstadt". Bis 1993 war Böblingen zudem Garnisonsstadt der Bundeswehr und bis 1992 Sitz der Deutsch-Französischen Brigade.

Mit der Ansiedlung zukunftsorientierter Firmen wie IBM (1949) und Hewlett-Packard (1959) sowie von krisenfesten mittelständischen Betrieben, die sich seit den siebziger Jahren vor allem auch auf der „Hulb" niederließen, setzte parallel zur rapiden Bevölkerungszunahme ein stürmisches Wirtschaftswachstum ein. Dabei erwies sich in der industriellen Nachkriegsentwicklung als vorteilhaft, was im 19. Jahrhundert Nachteil gewesen war: das Fehlen von Kohle und Schwerindustrie. Böblingen blieben so schmerzvolle industrielle Anpassungsprozesse weitgehend erspart: vom „Kleinen und Feinen" schwäbischen Tüftlertum führte ein mehr oder weniger direkter Weg in das Hightech-Zeitalter.

Heute ist die Bebauung bis fast an die Grenzen der Gemarkung vorgestoßen. Der überwiegende Teil der Bevölkerung lebt in neuen Stadtteilen, die ihr Eigenleben entwickelt haben. Um die alte Mitte herum, von der im 13. Jahrhundert die Stadtentstehung ausging, ist ein „neues" Böblingen entstanden. So ist Böblingen eine alte und zugleich eine sehr junge Stadt.

Aus der Chronik von Böblingen

ca. **25 000** v. Chr.

Erste Spuren von Menschen im Böblinger Raum

ca. **14 000** v. Chr.

Altsteinzeitlicher Jagdplatz auf der Hulb

ca. **2 500 – 400** v. Chr.

Besiedlungsspuren aus der jüngeren Steinzeit, der Bronzezeit und der Keltenzeit

1100 n. Chr.

„Bebelingen" erscheint erstmals als Name eines Adelsgeschlechts. Der Ort bildet bereits eine voll entwickelte Siedlung

1240

Die Pfalzgrafen von Tübingen werden auf Burg Böblingen erwähnt. Ihr Wappen führt Böblingen noch heute

Nach **1250**

Stadtgründung, 1272 werden erstmals „cives" – Stadtbürger – in Böblingen genannt

1344

Pfalzgraf Götz III. von Tübingen-Böblingen verpfändet Burg und Stadt Böblingen an die Grafen von Württemberg. 1357 gelangt Böblingen endgültig an Württemberg. Fortan ist Böblingen Verwaltungsmittelpunkt eines württembergischen Amtes

1452

Glanzvolle Böblinger Fürstenhochzeit: Gräfin Mechtild von der Pfalz, Witwe des Grafen Ludwig I. von Württemberg, heiratet auf der Böblinger Burg Erzherzog Albrecht VI. von Österreich, den Bruder Kaiser Friedrichs III.

1515

Herzog Ulrich von Württemberg tötet im Böblinger Forst seinen Stallmeister Hans von Hutten

1520 – 1534

Zwischenspiel habsburgischer Landes- und Stadtherrschaft nach der Vertreibung Herzog Ulrichs von Württemberg

1525

Am 12. Mai 1525 werden im deutschen Bauernkrieg bei Böblingen 15 000 Bauern im Kampf um Recht und Freiheit vom Feldherrn des Schwäbischen Bundes, Georg III. Truchseß von Waldburg, blutig besiegt. Über 3 000 Aufständische werden getötet

1535

Nach der Rückkehr Herzog Ulrichs Beginn der Reformation in Böblingen, Neubau des Schlosses

1552

Herzog Christoph von Württemberg (1550–1568) erneuert das Böblinger Marktrecht und hält in Böblingen zwei Landtage ab. 1555 bestätigt er den Kesslern das Privileg, alljährlich in Böblingen ihren Zunfttag abzuhalten

1618 – 1648

Bevölkerungsrückgang im Dreißigjährigen Krieg von 1 200 auf 600 Einwohner

1800

Ackerbürgerstadt mit ca. 2 000 Einwohnern

1811

Zögernder Anfang der Industrialisierung

1817

Hungersnot und Auswanderung

1832

Bau des dritten Böblinger Rathauses

1845

Gründung eines Gewerbevereins

1848

Einwohnerzahl ca. 3 600

1856

Gründung der Böblinger Zuckerfabrik (bestand bis 1906)

1872

Entstehung von Arbeitervereinen

1879

Eisenbahnanschluss (Gäubahn). Im Gebiet zwischen Altstadt und Bahnhof entsteht ein neues Industrieareal

1910

Einwohnerzahl ca. 6 000

1915

Böblingen wird Garnisonsstadt, Bau eines Militärflugplatzes

1925

Böblingen entwickelt sich (bis 1938) zum internationalen Verkehrsflughafen

1926

Ansiedlung der Firma Leichtflugzeugbau Klemm

1943

Bombenangriff am 7./8. Oktober: 44 Tote, weitgehende Zerstörung der Altstadt

1949/50

Wiederaufbau der Stadtkirche, Einwohnerzahl ca. 12 000

1952

Fertigstellung des neuen (vierten) Rathauses. In der Folgezeit entstehen zahlreiche neue Wohngebiete. Beginn eines rapiden Wachstums und Ansiedlung neuer Industrien

1962

Böblingen wird Große Kreisstadt, Einwohnerzahl ca. 26 000

1969

Eröffnung der Kongresshalle

1970

Einwohnerzahl ca. 37 000

1971

Eingliederung der Gemeinde Dagersheim

1984 ff.

Altstadtsanierung

1987 ff.

Weiterer Ausbau der Infrastruktur, Museumsgebäude Zehntscheuer (1987), Mineraltherme (1989)

1996

Anlage des Stadtgartens im Zuge der Landesgartenschau

Böblingen at a Glance

Böblingen is a city with many faces; a city with a rich history and a promising future.

Böblingen lies in the heart of Baden-Württemberg – it is in a way a "Ländle im Kleinen" (a country in miniature form). Everything that makes the country in the southwest of Germany so worth living for, so loveable, but also so unique is also to be found in Böblingen: it is situated in beautiful surroundings and a "green lung", i.e. a spacious city park with two lakes in the centre, provides enough "oxygen" – meaning enough leisure time and recovery, silence and relaxation. Finally Böblingen with its mineral hot spings adds to the good reputation of the long well known "Bäderland" between Main, Rhine, Neckar and Bodensee.

Böblingen is a city influenced by Europe, which has a long tradition. Bridges that are able to carry considerable loads within our continent have been built here, they offer perspectives on the 21st century which are open for creation.

Böblingen is also a city of culture and sports. There is hardly any sport that you cannot find here. The congress hall and the sports hall meet international standards. Culture and art are very much alive here: the museum of Peasant Wars as well as the German butcher's museum are unique and alone worth a visit to Böblingen.

The cosmopolitan attitude of the city is reflected by the many firms and companies in the production and industrial sector, which have been working internationally for the last decades. Therefore export has a special value – here you can also see the parallels to the country. Names like IBM, Hewlett-Packard, Eisenmann or a DaimlerChrysler branch speak for themselves. For this reason Böblingen plays an important role in the economic area of Stuttgart. Thanks to the press people are well prepared for the big challenge of the future – the information society, as Böblingen is at the same time a newspaper and internet city.

Böblingen can draw on a long past: the first country airport opened the "Gate to the World", the flying pioneer Hanns Klemm and the "Father" of the Gäutrain (Gäubahn), Otto Elben, wrote history. Last but not least Böblingen became know as a garrison city. With the around 80 hectare area of the former airport, close to the neighbouring city of Sindelfingen, new opportunities for development have been opened up for the city and its 46,000 inhabitants on the doorstep to the third millenium.

This book should give you a taste of Böblingen and invite you on an adventure tour. Böblingen is, as an aside, a very hospitable city.

Coup d'œil sur Böblingen

Böblingen est une ville aux nombreux visages, une ville au passé riche et à l'avenir plein d'espoir.

Böblingen se trouve au cœur du Bade-Wurtemberg, c'est en quelque sorte une reproduction en petit format du Land, car la ville incarne tout ce qui rend ce Land du sud-ouest de l'Allemagne attrayant et impossible à confondre avec un autre. Böblingen est située dans un cadre plein de charme: le «poumon vert» de la ville – un grand parc en plein centre ville avec ses deux lacs jumeaux – fournit suffisamment d'oxygène au cœur de la cîté plutôt tournée vers l'industrie, et offre à ses habitants loisirs et repos, calme et détente. Enfin, avec ses thermes, à la fois joyau naturel et source de jouvance, Böblingen contribue à la bonne réputation de cette région de thermalisme, connue depuis toujours, située entre le Main, le Rhin, le Neckar et le lac de Constance.

Böblingen est par tradition une ville tournée vers l'Europe. On y a jeté, vers tout le continent, des ponts qui offrent des perspectives réalisables au 21e siècle.

Böblingen est aussi une ville qui favorise la culture et le sport: presque tous les sports y trouvent leur place. Le Palais des congrès et la Salle des sports sont aux normes internationales. Art et culture y sont aussi bien représentés: le musée de la Guerre des paysans et le musée national des Bouchers sont uniques en leur genre et valent à eux seuls la visite de Böblingen.

La ville est ouverte au monde; en sont la preuve les nombreuses entreprises qui, depuis de longues années, travaillent pour le monde entier dans le secteur industriel et artisanal; les exportations jouent ainsi un grand rôle pour la ville et on peut faire à nouveau le parallèle avec le Land. Des noms comme IBM, Hewlett-Packard, Eisenmann ou DaimlerChrysler parlent d'eux-mêmes. C'est pourquoi, Böblingen a une place importante dans la région économique de Stuttgart. La ville est bien armée aussi pour les grands défis de l'avenir, surtout ceux qui concernent la société d'information, car elle est à la fois ville de journaux et d'internet.

Böblingen s'inspire d'une vieille tradition. Le premier aéroport régional a ouvert la «porte vers le monde», le pionnier de l'aviation Hanns Klemm et le père de la voie de chemin de fer «Gäubahn», Otto Elben, ont suivi. Enfin, on connaît Böblingen en tant que ville de garnison. Les quelques 80 hectares de terrains libérés par l'ancien aéroport, à la limite de la ville voisine de Sindelfingen, offrent à la ville et à ses 46 000 habitants d'extraordinaires possibilités de développement au seuil de ce troisième millénaire.

Ce livre veut donner envie de voir Böblingen, il veut inviter à un voyage de découverte de la ville, car Böblingen est aussi une ville très hospitalière.

Schlossbergring um den historischen Stadtkern

"Schlossbergring" (Castle Ring Road) surrounding the historical city centre

Boulevard du Schlossberg autour du centre historique

Symbol für Europa –
Freundschaften über
Grenzen hinweg

Symbol of Europe –
friendship across borders

Symbole de l'Europe:
l'amitié sans frontière

Eine von sieben
Partnerstädten:
das italienische Alba
(seit 1985)

One of the seven twin-
towns: the Italien Alba
(since 1985)

La ville d'Albe en Italie
est l'une des sept villes
jumelées avec Böblingen
(depuis 1985)

Blick von Süden über Böblingen.
Im Vordergrund das Wohngebiet Diezenhalde

View over Böblingen from the South: In the foreground the residential area Diezenhalde

Böblingen vu du Sud. Au premier plan, le quartier d'habitation de Diezenhalde

Der Stadtteil Dagersheim
aus der Vogelperspektive

The suburb of
Dagersheim seen from a
bird's perspective

Le quartier de Dagers-
heim vu à vol d'oiseau

CCB Sporthalle und Baumoval. Veranstaltungsort und Festplatz

CCB sports hall and an oval of trees. A place for events and festivals

Pour les manifestations sportives et les fêtes: la salle des sports CCB et l'Ovale bordé d'arbres

Hightech am Standort Hulb

Hightech at the Hulb location

Hulb, le quartier de la hightech

Böblinger Unternehmen
sind weltweit bekannt

Companies from
Böblingen are known
world-wide

Les entreprises de
Böblingen ont une
renommée internationale

Das Gelände des ehemaligen Landesflughafens Stuttgart-Böblingen. Raum für städtebauliche Entwicklungen

The area of the former regional airport Stuttgart – Böblingen. Room for further housing development

Le terrain de l'ancien aéroport de Stuttgart-Böblingen a fourni de l'espace pour le développement de la ville

Banken in Böblingen

Banks in Böblingen

Les banques à Böblingen

Verkehrsalltag

Every day traffic

Circulation au quotidien

Natur hautnah erleben

Experience nature at first hand

La nature à fleur de peau

Sommer am See

Summer near the lake

L'été au bord du lac

Kunst zum Verweilen von
Lutz Ackermann

A piece of art by Lutz
Ackermann worth taking
a rest at

Lutz Ackermann:
de l'art pour rêver

„Kimme und Korn" – Durchblick zum Schlossberg, 1996 zur Landesgartenschau errichtet

"Kimme und Korn" – a view to the "Schlossberg" (castle hill) erected in 1996 for the countrywide florist show

«Ligne de mire» installée en 1996 pour les floralies: elle permet de voir le Schlossberg

Interessante An- und Durchblicke bietet Kunst im öffentlichen Raum

Public pieces of art offer interesting opinions and views

Art sur l'espace public: vues et perspectives

„Frau ohne Körper"
von Tankut Öktem

"Woman without body"
by Tankut Öktem

«Femme sans corps»
de Tankut Öktem

Frauenbilder –
„Schreitende" von
Richard Heß

Pictures of women –
the "Walking Woman"
by Richard Heß

Images de femmes – la
«Marcheuse» de Richard
Heß

Die „Sitzende" von
Walter Ostermeyer
(Städtische Galerie)

The "Sitting woman"
by Walter Ostermeyer
(city gallery)

La «Femme assise» de
Walter Ostermeyer
(Galerie municipale)

„Delphine" von Rudolf Christian Baisch beim Wettspringen am Oberen See

"Dolphins" by Rudolf Christian Baisch at a jumping competition at the Upper Lake

«Les dauphins» de Rudolf Christian Baisch font un concours de saut sur le Lac supérieur

„Königsblumenfamilie"
von Hans Bäuerle vor
dem Seerestaurant der
CCB Kongresshalle

"Family of king flowers"
by Hans Bäuerle in front
of the lake restaurant of
the CCB congress hall

«Famille de fleurs du roi»
de Hans Bäuerle devant
le restaurant du Palais
des congrès

Winterstimmung am
Oberen und …

Winter atmosphere at the
Upper and …

Impressions d'hiver sur
les deux lacs: supérieur …

… Unteren See

… Lower Lake

… et inférieur

Überzuckerte
Altstadtdächer

Powder over roofs of the
old city

Toits de la vieille ville
saupoudrés de sucre

Die Stadtkirche Sankt
Dionysius. Wiederaufbau
1950 vollendet

The city's church Saint
Dionysius. Reconstruction
was completed in 1950

L'église paroissiale
St-Denis (reconstruction
achevée en 1950)

Altstadtidylle

The idyll of the old city

Endroits idylliques dans la vieille ville

Wieder aufgebaute Schmuckstücke der Altstadt

Reconstructed pieces of art in the old city

Les joyaux de l'ancienne ville ont été reconstruits

Brunnenfigur des heiligen Christophorus

Fountain figure of the holy Christopherus

St-Christophe, statue de fontain

Immer einen Besuch wert …

Always worth a visit …

Ils valent toujours une visite …

… das Fleischermuseum am Marktplatz …

… the butcher's museum at the market place …

… le musée des Bouchers sur la place du marché …

… und das Bauernkriegsmuseum in der Zehntscheuer

… and the museum of Peasant Wars in the tithe-barn

… et le musée de la Guerre des paysans (dans la Grange aux dîmes)

Goldenes Handwerk …

Golden craft-work …

Doigts d'or et …

… ist bodenständig

… is long established

… pieds sur terre

Der Grüne Turm

The green tower

La Tour verte

Ein neuer Anziehungspunkt: der Blaue Brunnen auf dem Bonifatiusplatz

A point of attraction: the blue fountain at the Bonifatius place

Nouveau point d'attraction: la Fontaine bleue sur la place St-Boniface

Altes Rathaus am Marktplatz. Erbaut 1952

The old town hall at the market place. Built in 1952

Ancien hôtel de ville sur la place du marché, construit en 1952

Im Spiegel der Zeit.
Fachwerkhäuser spiegeln
sich im neuen Rathaus.
Erbaut 1984

In the mirror of time:
Half-timbered houses
can be seen in the glass
windows of the new
town hall. Built in 1984

Miroir du temps: les
maisons à colombage se
reflètent sur le Nouvel
hôtel de ville, construit en
1984

Durchblicke im Alten und …

Views at the old and …

Vues de l'Ancien …

... Neuen Rathaus

... new town hall

... et du Nouvel hôtel de ville

Modernes Dienst-
leistungszentrum anstatt
verstaubter Amtsstuben

Modern service centre
instead of dusty offices

Un centre moderne
au lieu de bureaux
poussiéreux pour les
services de la ville

Mobilität auf gesunde Art

Mobilty in the healthy way

Actifs et en forme

Aber auch Muße zum
Verweilen im Künstler-
viertel muss sein

You also have to have
time to rest in the art
quarter of the town

L'oisiveté a du bon
elle aussi: le quartier
des artistes

Böblingen von seiner
schönsten Seite

Böblingen seen from its
nice side

Böblingen sous son
meilleur angle

Die Wandelhalle strahlt

The foyer sparkles

La Promenade rayonne

Auch im Regen lässt
sich's wandeln

A walk in the rain can
also be nice

Elle se promène malgré
la pluie

Das Leben hält manche
Wandlungen bereit

Life keeps a few changes
in store

La vie est une longue
promenade tranquille

Ein Lächeln verbindet
Nationen und
Generationen

A smile connects nations
and generations

Un sourire suffit à réunir
nations et générations

Idyllischer Platz mitten in der Stadt – der Ganssee

An idyllic place in the middle of town – the "Ganssee" (Goose Lake)

Le «Ganssee», un lac idyllique en pleine ville

Mitten im Stadtgarten – feiern, lernen, tagen. Die CCB Kongresshalle bietet Raum für die verschiedensten Veranstaltungen

Celebrate, study or have a meeting in the middle of the town's park. The CCB congress hall offers room for varicus events

Dans le parc municipal, le Palais des congrès offre ses salles aux manifestations les plus diverses: fêtes, cours, congrès

Einkaufen am
historischen Marktplatz …

Shopping at the
historical market place …

Courses sur la place
du marché …

… und im modernen
Einkaufszentrum

… and in a modern
shopping centre

… ou dans le centre
commercial

Moderne Architektur im Schatten der Zehntscheuer (17. Jh.). Haus Götz (1996) mit dem Architektenpreis für vorbildliches Bauen im Landkreis Böblingen ausgezeichnet

Modern architecture in the shadow of the tiths barn (17th century). The house Götz (1996) was awarded the architectural prize for exemplary building in the Böblingen area

Architecture moderne à l'ombre de la Grange aux dîmes (17e siècle). La maison Götz a reçu en 1996 le Prix des architectes pour ses constructions exemplaires dans la circonscription de Böblingen

Das Hautana-Gelände – attraktive Neubebauung durch die Böblinger Baugesellschaft (BBG)

The Hautana-areal – an attractive new construction by the Böblingen Building Society (BBG)

Les terrains «Hautana»: la société de construction BBG de Böblingen a édifié un nouveau quartier à l'architecture séduisante

Mike Oldfield in concert in der CCB Sporthalle

Mike Oldfield in concert in the CCB sportshall

Mike Oldfield en concert dans le Palais des sports

Wissensdurst befriedigen in der Stadtbibliothek ...

Thirst for knowledge satisfied in the city's library ...

Etancher sa soif de savoir dans la bibliothèque municipale ...

... oder im Mediencafé in der Schafgasse

... or the media café in Schafgasse

... ou dans le cybercafé dans la Schafgasse

Der Rathaus-Innenhof als Konzertsaal

The yard of the town-hall used as a concert hall

La cour intérieure de l'hôtel de ville transformée en salle de concert

Böblingen bei Nacht:
City Center ...

Böblingen at night:
City Centre ...

Böblingen de nuit:
Centre de la ville ...

... und Listplatz

... and Listplatz

... et place List

Kruschteln und sammeln: Flohmarkt am Oberen See

Searching and collecting: flee market at the Upper Lake

Fouiller et collectionner: marché aux puces au bord du Lac supérieur

Puppen- und Spielzeugmarkt in der CCB Kongresshalle

Dolls and toy market in the CCB congress hall

Marché aux poupées et aux jouets dans le Palais des congrès

Das neue Jahr kann beginnen …

The new year can begin …

Les bretzels du jour de l'an …

... mit viel Glück

... with a lot of merriment

... et le ramoneur:
ils portent tous bonheur

Das Jahr klingt aus – der
Weihnachtsmarkt beginnt

The year rings out – the
christmas market starts

L'année touche à sa fin,
le marché de Noël
commence

Mit Spielmannszug …

With a brass band …

En fanfare …

… und Muskelkraft: der Maibaum wird gestellt

… and muscel power: the maypole (Maibaum) is being put up

… et à la force du poignet, on hisse l'arbre de Mai

Alles in Bewegung.
Reitanlage am Tiergarten

Everything is in motion.
Horse-riding arena at the
zoo

Tout n'est que mouve-
ment. Hippodrome près
du jardin zoologique

Skatinganlage am
Baumoval

Skating area at the oval of
trees

Terrain de skate-board
près de «l'Ovale»

Stadion an der Stuttgarter Straße

Stadium at the Stuttgarter Street

Stade de la rue de Stuttgart

Früh übt sich, wer ein Kunstspringer werden will

Early practise, if you want to become a springboard diver

Qui veut devenir champion doit commencer tôt

Spaß und Spiel im 1953 erbauten und 1994 komplett modernisierten Freibad

Play and fun in the 1953 built and 1994 completely renovated outside pool

Jeux joyeux dans la piscine construite en 1953, rénovée en 1994

Entspannung pur in der
Mineraltherme

Pure relaxation at the
mineral hot spring

Détente absolue dans les
thermes

Aus Alt mach Neu.
Weberei aus dem
Jahre 1912. 1999 zum
modernen Kindergarten
umgebaut

From old to new.
A waever's from the year
1912. Changed into a
modern nursery in 1999

Faire du neuf avec du
vieux: usine de tissage
de 1912, devenue jardin
d'enfants en 1999

Ein Stadtteil lebt –
Stadtteilfest am
Diezenhaldezentrum

A suburb is alive –
Suburb festival at the
Diezenhalde Centre

Un quartier s'anime:
fête de quartier au
Centre Diezenhalde

Besinnliches beim
Gottesdienst im Grünen

A time of contemplation
at an outside mass

Se recueillir pendant
un service religieux en
plein air

Nachdenkliches auf dem Alten Friedhof. Ehrengräber und Denkmal für die Gefallenen des Ersten Weltkriegs

Thoughtfulness at the old graveyard. Graves of honour and a memorial to those killed in WW I

Méditer dans le Vieux cimetière. Tombes et monument pour les soldats de la Première guerre mondiale

Ort für Begegnungen –
ökumenisches
Gemeindezentrum

A meeting place – the
ecumenical parish centre

Lieu de rencontres:
centre œcuménique
paroissial

Vor den Toren der Stadt:
Streuobstwiesen und
Felder

In front of the city gates:
fruit trees and fields

Aux portes de la ville:
arbres fruitiers, prairies et
champs

Stadtteil Dagersheim:
in der renovierten Zehntscheune am Dorfplatz ...

The suburb Dagersheim:
at the renovated tithe barn at the village place...

Quartier de Dagersheim, sur la place du village: la Grange aux dîmes restaurée ...

... spiegelt sich die evangelische Kirche St. Fridolin

... you can see the reflection of the protestant church of Saint Fridolin

... où se reflète l'église protestante St-Fridolin